कहाँ मंज़िलें कहाँ ठिकाना

[ग़ज़ल-संग्रह]

कहाँ मंज़िलें कहाँ ठिकाना

देवमणि पांडेय

*in association with JVP Publication Pvt. Ltd.

प्रलेक प्रकाशन का लोगो विश्व प्रसिद्ध महान चित्रकार **मिकी पटेल** ने बनाया है।

ISBN : 978-81-946662-8-8

पहला पेपरबैक संस्करण : 2020

प्रकाशक :
प्रलेक प्रकाशन प्राइवेट लिमिटेड
PRALEK PRAKASHAN PVT. LTD.

वितरक :
जेवीपी पब्लिकेशन प्राइवेट लिमिटेड
JVP PUBLICATION PVT. LTD.
602, आई-3, ग्लोबल सिटी
विरार (वेस्ट), मुम्बई, महाराष्ट्र-401303
दूरभाष : 9833402902 / 7021263557
Email : pralek.prakashan@gmail.com
Website : www.pralekprakashan.com

कहाँ मंज़िलें कहाँ ठिकाना : देवमणि पांडेय
Kahna manzilen kahna thikana : *Gazals* of Devmani Pandey

आवरण : जेवीपी पब्लिकेशन प्रा.लि.

पुस्तक सज्जा : जेवीपी पब्लिकेशन प्रा.लि.

हर फ़िक्र हर ख़याल को बेहतर बना दिया
मुझको मुहब्बतों ने सुख़नवर बना दिया

जो मिल गया है उससे भी बेहतर तलाश कर
क़तरे में भी छुपा है समंदर तलाश कर

आत्मीयता की तलाश

शायर बशीर बद्र के बाद देवमणि पांडेय मेरे देखे दूसरे ऐसे समकालीन शायर हैं जिनके शेर जितने आसान हैं उतने ही गहरे भी हैं। नर्म बारिश की फुहार जैसी जिस शायरी के लिये बशीर बद्र साहब जाने जाते हैं और अपने अशआर में जिस संगीत के लिये क़तील शिफाई मशहूर हैं—वो रंग और ख़ुशबू देवमणि जी ने अपने अशआर में इस ख़ूबसूरती से पिरो दिये हैं कि जिन पुस्तकों को पाठकों का सबसे बड़ा वर्ग पसन्द करता है उनमें एक नाम और जुड़ गया है। देवमणि पांडेय ने अपनी ग़ज़लों में वो जज़्बात पिरोये हैं जो हमारे-आपके और सबके दिलों को छू लेते हैं। अगर ग़ज़ल तितली के परों से फूल की पाँखुड़ी पर शबनम की दास्तान लिखने का नाम है तो शत-प्रतिशत देवमणि पांडेय ने मुकम्मल ग़ज़ल कह दी है। *कहाँ मंज़िलें, कहाँ ठिकाना* के रूप में देवमणि जी ने एक यादगार पुस्तक का अदब की दुनिया को तोहफ़ा दिया है। ये पुस्तक हिन्दुस्तान-पाकिस्तान-अफ़ग़ानिस्तान और ईरान तथा सभी जगह जहाँ खड़ी बोली हिन्दुस्तानी की रसाई है वहाँ समझी और सराही जायेगी। भाषा की आसानी और ख़्याल की गहराई ने कमाल किया है। उनके यहाँ आत्मीयता की तलाश है और यह हमारे समय की सबसे बड़ी मानवीय आवश्यकता भी है।

—मयंक अवस्थी

क्रम

फूल महके यूँ फ़ज़ा में रुत सुहानी मिल गई 15
पढ़ लिख कर क्या करेंगे आख़िर राम श्याम रहमान वग़ैरह 16
टूट गई है लय जीवन की सुर ग़ायब हैं ताल नहीं 17
बदली निगाहें वक़्त की क्या-क्या चला गया 18
वक़्त के साँचे में ढलकर हम लचीले हो गए 19
कहीं भी ढूँढ़ो कहाँ नहीं है, कोई भी उसके सिवा नहीं है 20
हम जब गिरे तो हमको सँभलना सिखा दिया 21
ख़्वाबों से क्या मिला है ख़यालों से क्या मिला 22
काग़ज़ों में है सलामत अब भी नक़्शा गाँव का 23
काग़ज़ों में है सलामत अब भी नक़्शा गाँव का 24
सावन की पुरवइया ग़ायब 25
मेरा यक़ीन, हौसला, किरदार देखकर 26
कुछ कम नहीं था वो भी तो हुशियार क्या करें 27
लगता है जी रहे हैं जैसे किसी क़फ़स में 28
सोच पर, फ़िक्र पर और सच बात पर 29
मौसम ने क़हर ढाया दहशत है किसानों में 30
हौसलों के दिये जगमगाते रहें 31
यूँ बज़ाहिर देखिए तो फ़ासला कोई नहीं 32
जो मिल गया है उससे भी बेहतर तलाश कर 33
इस दुनिया के रंग में ढलकर हम याराना भूल गए 34
ढली शाम फिर आज ढलते हुए 35
ये चाह कब है मुझे सबका सब जहान मिले 36

अँधेरे अभी आशियानों में हैं 37
दीन-धरम बस यही है अपना साथ इसी के जीना है 38
साहिल पर जो खड़े हुए थे डूब गए हैरानी में 39
ये दुनिया है यहाँ कब, कौन, किसका साथ देता है 40
इक फूल मुहब्बत का फिर दिल में खिले कोई 41
ऐसा कब सोचा था मैने मौसम भी छल जाएगा 42
कहाँ गई एहसास की ख़ुशबू, फ़ना हुए जज़्बात कहाँ 43
क्या कहें कुछ इस तरह अपना मुक़द्दर हो गया 44
मौसम बदल गए हैं बहारें नहीं मिली 45
पलकों-पलकों हर चेहरे पर ठहरा रहता जाने कौन 46
दुनिया से जो मिला है वह दर्द किससे बाँटें 47
महकते ख़्वाब ख़यालों को रोशनी मिलती 48
कश्तियाँ मझधार में है नाख़ुदा कोई नहीं 49
सपनों को पालने की रिवायत न तोड़िए 50
खिली धूप में हूँ उजालों में गुम हूँ 51
चाहत वफ़ा ख़ुलूस की दौलत नहीं रही 52
दु:ख की लम्बी राहों में भी सुख की थोड़ी आस रहे 53
कैसा भी इम्तिहान हो मत ख़ौफ़ खाइए 54
कुछ तीरगी में गुज़री उजालों में कट गई 55
हमें पता है क्या सोचेगा यह बेदर्द ज़माना भी 56
ख़्वाब सुहाने दिल को घायल कर जाते हैं कभी कभी 57
उदासी में न डूबे दिल किसी का 58
सजा है इक नया सपना हमारे मन कीआँखों में 59
इस जहां में प्यार महके ज़िंदगी बाक़ी रहे 60
इश्क़ में दिल का दाम बहुत है 61
जब तलक रतजगा नहीं चलता 62
कभी रातों में वो जागे कभी बेज़ार हो जाए 63
ख़ुशी का अपना रुतबा है कभी जो कम नहीं होता 64
महक कलियों की फूलों की हँसी अच्छी नहीं लगती 65
हर फ़िक्र हर ख़याल को बेहतर बना दिया 66

दिल ने चाहा बहुत और मिला कुछ नहीं 67
कुछ ख़्वाब सजाने से कुछ ज़ख़्म छुपाने से 68
मैं हँस रहा हूँ दर्द मेरा कम नहीं हुआ 69
क्या चाहा था क्या सोचा था क्या पाया क्या बात हुई 70
इस ग़म का क्या करें हम तनहाई किससे बाँटें 71
जिस दिन से तुम हुए हो अज़ीज़-ए-नज़र मुझे 72
ख़्वाब चाहत का जिसने सजाया नहीं 73
प्यासी ज़मीं थी और मैं बादल नहीं हुआ 74
तेरी चाहत तेरी यादें तेरी ख़ुशबू लाए हैं 75
रात ने जब घूँघट सरकाया कोई मुझको याद आया 76
चाहत के हर मुकाम पे रुसवाइयाँ मिलीं 77
ज़ुल्म है ज़ुल्म की ख़ुदाई है 78
अगर कुछ नहीं है कमी ज़िंदगी में 79
ज़िंदगी से गिला नहीं होता 80
परवाज़ की तलब है अगर आसमान में 81
शोख़ बासंती हवाएँ 82
सावन आया गाँव में 84
कहाँ मंज़िलें हैं ठिकाना किधर है 86
क़ायम रहे ये हौसला 87
बच्चे चाँद सितारे हैं 89
हिंदी जनता की भाषा है 94
चाहत की चाँदनी में 93
यही तो ज़िंदगी है 95
शुक्रिया मेरे शहर 97
माँ जैसा कोई और नहीं 99
इस दुनिया का रंग देख के 101
आँखों में अपनी हैं आशा की किरणें 103
चार दिनों के इस जीवन में 104
महीना सावन का 106
बरसे बदरिया सावन की 108

आई लव यू मुम्बई 109
हर दिन सूरज उम्मीदों का 110
रोज़ सुबह उगता है सूरज 112
जाने कब सूरज आएगा 114
बारिश के सुहाने मौसम में 116
परदेसी राजा घर लौट के आजा 118
टेसू खिले हज़ार 119
मौसम की पहली बारिश 120
चाहत है अनमोल 122
आपकी मेरी कहानी 123
कुछ फ़ासला भी हो 124
दिल की हसीन दुनिया 125

परवाज़ की तलब है अगर आसमान में
ख़्वाबों को साथ लीजिए अपनी उड़ान में

मेरा यक़ीन हौसला किरदार देखकर
मंजिल क़रीब आ गई रफ़्तार देखकर

फूल महके यूँ फ़ज़ा में रुत सुहानी मिल गई

फूल महके यूँ फ़ज़ा में रुत सुहानी मिल गई
दिल में ठहरे एक दरिया को रवानी मिल गई

कुछ परिंदों ने बनाए आशियाने शाख़ पर
गाँव के बूढ़े शजर को फिर जवानी मिल गई

आ गए बादल ज़मीं पर सुनके मिट्टी की सदा
सूखती फ़सलों को पल में ज़िंदगानी मिल गई

घर से निकला है पहनकर जिस्म ख़ुशबू का लिबास
लग रहा है गोया इसको रातरानी मिल गई

जी ये चाहे उम्र भर मैं उसको पढ़ता ही रहूँ
याद की खिड़की पे बैठी इक कहानी मिल गई

माँ की इक उँगली पकड़कर हँस रहा बचपन मेरा
एक अलबम में वही फोटो पुरानी मिल गई

पढ़ लिख कर क्या करेंगे आख़िर राम श्याम रहमान वग़ैरह

पढ़ लिखकर क्या करेंगे आख़िर राम श्याम रहमान वग़ैरह
ये भी इक दिन बन जाएँगे चपरासी, दरबान वग़ैरह

रोज़ी-रोटी के चक्कर में हमने ख़ुद को गँवा दिया
कहाँ गया अपना वो तेवर, ख़ुद्दारी, पहचान वग़ैरह

दूर-दूर तक आदर्शों से रिश्ता नहीं सियासत का
नज़र कहाँ से आएँ इनमें सच्चाई, ईमान वग़ैरह

दौलत, शोहरत और प्रतिष्ठा सबकुछ हासिल है फिरभी
किसे पता क्या ढूँढ रहे हैं साहिब और धनवान वग़ैरह

फ़िल्में अगर नहीं चलतीं तो सोचो इनका क्या होता
काट रहे हैं चाँदी हरदिन अक्षय और सलमान वग़ैरह

हम हैं सीधे-सादे इंसां कोई ऐब नहीं हम में
कभी-कभी बस ले लेते हैं सिगरेट, विस्की, पान वग़ैरह

कम से कम इतवार के दिन तो अपने घर पे रहा करो
बिना बताए आ जाते हैं यार-दोस्त, मेहमान वग़ैरह

टूट गई है लय जीवन की सुर ग़ायब हैं ताल नहीं

टूट गई है लय जीवन की सुर ग़ायब हैं ताल नहीं
क्या कुछ हमसे छूट गया है इसका हमें ख़याल नहीं

अपने ही जब ग़ैर हुए तो वो वृद्धाश्रम चले गए
ख़ुश है बेटा, बहू के सर पे अब कोई जंजाल नहीं

दिनभर खटा धूप में लेकिन कुछ भी हाथ नहीं आया
क्या खाएँगे बच्चे आख़िर घर में आटा दाल नहीं

क्या क्या नहीं दिया बचपन को इंटरनेट की दुनिया ने
बच्चों के अफ़सानों में क्यूँ वो बूढ़ा बेताल नहीं

दौलत वालो! देखलो आकर क्या हैं ठाट फ़क़ीरों के
जहाँ भी रहते ख़ुश रहते हैं भले जेब में माल नहीं

ख़्वाबों को मंज़िल दे पाना बेहद मुश्किल है लेकिन
जाने क्यूँ यह भी लगता है इसमें कोई कमाल नहीं

अच्छा दिखने की ख़्वाहिश तो हर इंसां में होती है
फिरभी जो बदनाम है उसको इसका कोई मलाल नहीं

बदली निगाहें वक़्त की क्या-क्या चला गया

बदली निगाहें वक़्त की क्या-क्या चला गया
चेहरे के साथ-साथ ही रुतबा चला गया

बचपन को साथ ले गईं घर की ज़रूरतें
सारी किताबें छोड़ के बच्चा चला गया

वो बूढ़ी आँखें आज भी रहती हैं मुंतज़िर
जिनको अकेला छोड़ के बेटा चला गया

मेरी तलब को जिसने समंदर अता किये
अफ़सोस मेरे दर से वो प्यासा चला गया

अबके कभी वो आया तो आएगा ख़्वाब में
आँखों के सामने से तो कब का चला गया

रिश्ता भी ख़ुद में होता है स्वेटर ही की तरह
उधड़ा जो एक बार, उधड़ता चला गया

अपनी अना को छोड़के कुछ यूँ लगा मुझे
जैसे किसी दरख़्त का साया चला गया

वक़्त के साँचे में ढलकर हम लचीले हो गए

वक़्त के साँचे में ढलकर हम लचीले हो गए
रफ़्ता-रफ़्ता ज़िंदगी के पेंच ढीले हो गए

इस तरक़्क़ी से भला क्या फ़ायदा हमको हुआ
बुझ न पाई प्यास कुछ, बस होंठ गीले हो गए

जी हुज़ूरी की सभी को इस क़दर आदत पड़ी
जो थे परबत कल तलक वो आज टीले हो गए

क्या हुआ क्यूँ घर किसी का आ गया फुटपाथ पर
शायद उनकी लाडली के हाथ पीले हो गए

आपके बर्ताव में थी सादगी पहले बहुत
जब ज़रा शोहरत मिली तेवर नुकीले हो गए

हक़ बयानी की हमें क़ीमत अदा करनी पड़ी
हमने जब सच कह दिया वो लाल-पीले हो गए

हो मुख़ालिफ़ वक़्त तो मिट जाता है नामो-निशां
इक महाभारत में गुम कितने क़बीले हो गए

कहीं भी ढूँढ़ो कहाँ नहीं है, कोई भी उसके सिवा नहीं है

कहीं भी ढूँढ़ो कहाँ नहीं है, कोई भी उसके सिवा नहीं है
है नूर उसका हर एक शै में वो जलवागर है छुपा नहीं है

सफ़र में आती हैं मुश्किलें जब, वो साथ देता है हर क़दम पर
वो रहनुमा है सभी का लेकिन ये राज़ सबको पता नहीं है

वो बादलों में, वो बिजलियों में, वही धनक में, वही शफ़क़ में
निहां है फूलों में उसकी ख़ुशबू जमाल उसका छुपा नहीं है

नफ़स-नफ़स में है उसकी आहट, उसी से क़ायम है दिल की धड़कन
वो लम्हा-लम्हा है साथ मेरे, कभी वो मुझसे जुदा नहीं है

ये चाँद-तारे, हवा, समंदर, दिखा रहे हैं उसी की क़ुदरत
वो सबका मालिक है उसके दर पे, है किसका सर जो झुका नहीं है

जो सजदा करते हैं उसके दर पे, उन्हीं को हासिल है उसकी रहमत
उन्हें भला क्यूँ सुकूँ मिलेगा वो जिनके दिल में बसा नहीं है

हम जब गिरे तो हमको सँभलना सिखा दिया

हम जब गिरे तो हमको सँभलना सिखा दिया
कुछ ठोकरों ने राह पर चलना सिखा दिया

ख़्वाबों के कुछ परिंदों ने आकाश छू लिया
और ज़िंदगी ने दुख में बहलना सिखा दिया

आया तेरा ख़याल तो रोशन हुई हयात
उम्मीद के चराग़ ने जलना सिखा दिया

गुज़रा है तेरी याद का झोंका क़रीब से
लम्हों को इंतज़ार में ढलना सिखा दिया

कुछ बर्फ़ जम गई थी निगाहों के दरमियां
एहसास की तपिश ने पिघलना सिखा दिया

वो कौन है सलाम कहो तुम उसे मेरा
मौसम के साथ जिसने बदलना सिखा दिया

ख़्वाबों से क्या मिला है ख़यालों से क्या मिला

ख़्वाबों से क्या मिला है ख़यालों से क्या मिला
हम क्या बताएँ चाहने वालों से क्या मिला

इक नूर मेरे ज़हन को पुरनूर कर गया
मैं क्या कहूँ किताबों-रिसालों से क्या मिला

लफ़्ज़ों में रंग आ गया अंदाज़ में कशिश
यूँ देखिए ग़ज़ल को ग़ज़ालों से क्या मिला

इक तीरगी खड़ी है सूरज के आस-पास
और लोग पूछते हैं उजालों से क्या मिला

मेरे किसी सवाल का देते नहीं जवाब
ऊपर से ये सवाल कि सवालों से क्या मिला

सर पर किसी के ताज है मुहताज है कोई
ऐ वक़्त ये बता तेरी चालों से क्या मिला

काग़ज़ों में है सलामत अब भी नक़्शा गाँव का

काग़ज़ों में है सलामत अब भी नक़्शा गाँव का
पर नज़र आता नहीं पीपल पुराना गाँव का

बूढ़ीं आँखें मुंतज़िर हैं पर वो आख़िर क्या करें
नौजवां तो भूल ही बैठे हैं रस्ता गाँव का

पहले कितने ही परिंदे आते थे परदेस से
अब नहीं भाता किसी को आशियाना गाँव का

छोड़ आए थे जो बचपन फिर नज़र आया नहीं
हमने यारो छान मारा चप्पा-चप्पा गाँव का

हो गईं वीरान गलियाँ, खो गई सब रौनक़ें
तीरगी में गुम हुआ सारा उजाला गाँव का

वक़्त ने क्या दिन दिखाए चंद पैसों के लिए
बन गया मज़दूर इक छोटा-सा बच्चा गाँव का

काग़ज़ों में है सलामत अब भी नक़्शा गाँव का

सुख में, दुख में, धूप में जो सर पे आता था नज़र
गुम हुआ जाने कहाँ वो लाल गमछा गाँव का

हर तरफ़ फैली हुई है बेकसी की तेज़ धूप
सब के सर से उठ गया है जैसे साया गाँव का

जो गए परदेस उसको छोड़कर दालान में
राह उनकी देखता है अब बिछौना गाँव का

शाम को चौपाल में क्या गूँजते थे क़हक़हे
सिर्फ़ यादों में बचा है वो फ़साना गाँव का

हाल इक-दूजे का कोई पूछने वाला नहीं
क्या पता अगले बरस क्या हाल होगा गाँव का

सोच में डूबे हुए हैं गाँव के बूढ़े दरख़्त
वाक़ई क्या लुट गया है कुल असासा गाँव का

सावन की पुरवइया ग़ायब

सावन की पुरवइया ग़ायब
पोखर, ताल-तलइया ग़ायब

कट गए सारे पेड़ गाँव के
कोयल औ' गोरइया ग़ायब

सोहर, कजरी, फगुआ भूले
बिरहा, नाच-नचइया ग़ायब

नोट निकलते ए टी एम से
पैसा, आना, पइया ग़ायब

दरवाज़े पर कार खड़ी है
बैल-भैंस और गइया ग़ायब

सुबह हुई तो चाय की चुस्की
चना-चबेना, लइया ग़ायब

भाभी देख रही हैं रस्ता
शहर गए थे, भइया ग़ायब

मेरा यक़ीन, हौसला, किरदार देखकर

मेरा यक़ीन, हौसला, किरदार देखकर
मंजिल क़रीब आ गई, रफ़्तार देखकर

जब फ़ासले हुए हैं तो रोई है माँ बहुत
बेटों के दिल के दरमियां दीवार देखकर

हर इक ख़बर का जिस्म लहू में है तरबतर
मैं डर गया हूँ आज का अख़बार देखकर

बरसों के बाद ख़त्म हुआ बेघरी का दर्द
दिल ख़ुश हुआ है दोस्तो! घरबार देखकर

दरिया तो चाहता था कि सबकी बुझादे प्यास
घबरा गया वो इतने तलबगार देखकर

वो कौन था जो शाम को रस्ते में मिल गया
वो दे गया है रतजगा इक बार देखकर

चेहरे से आपके भी झलकने लगा है इश्क़
जी ख़ुश हुआ है आपको बीमार देखकर

कुछ कम नहीं था वो भी तो हुशियार क्या करें

कुछ कम नहीं था वो भी तो हुशियार क्या करें
वो बन गया क़बीले का सरदार क्या करें

नाकामयाब लोग ही देते हैं ये दलील
अच्छा नहीं है वक़्त का किरदार क्या करें

जो हमसफ़र थे आपसे आगे निकल गए
धीमी बहुत है आपकी रफ़्तार क्या करें

बीमार चाहते हैं कि उनको शिफ़ा मिले
अब ख़ुद मसीहा पड़ गया बीमार क्या करें

तुम साथ थे तो साथ थीं आसानियाँ बहुत
तुम बिन हुई है ज़िंदगी दुश्वार क्या करें

पुरखों की आबरू भी सँभाली नहीं गई
सर से उतर चुकी है वो दस्तार क्या करें

सच जानने की हमको भी ख़्वाहिश तो है मगर
सच से बहुत ही दूर हैं अख़बार क्या करें

लगता है जी रहे हैं जैसे किसी क़फ़स में

लगता है जी रहे हैं जैसे किसी क़फ़स में
इक पल भी जिंदगी का अपने नहीं है बस में

परवाज़ कैसे देगा ख़्वाबों को अपने इंसां
जब टूटती नहीं हैं उससे रिवाज़-ओ-रस्में

सब कुछ तो मिल गया है फिर भी सुकूं नहीं है
क्या चीज़ खो गई है पाने की इस हवस में

इस ज़िंदगी से आगे क्या और ज़िंदगी है
उलझी हुई है दुनिया सदियों से इस बहस में

रिश्तों से धीरे-धीरे उठने लगा भरोसा
क्यूँ लोग हर क़दम पर खाते हैं झूठी क़समें

मुझसे बिछड़ के उसको रहती है फ़िक्र मेरी
ख़ूबी है कुछ तो आख़िर उस मेरे हमनफ़स में

पिछले बरस न पूछो क्या हाल था हमारा
कीजे दुआ कि आँखें नम हों न इस बरस में

सोच पर, फ़िक्र पर और सच बात पर

सोच पर, फ़िक्र पर और सच बात पर
बंदिशें हैं हज़ारों ख़यालात पर

ज़िंदगी खुलके क्यूँ मुस्कराती नहीं
किसने पहरे लगाए हैं जज़्बात पर

आबरू अब कहीं भी न महफ़ूज़ है
तब्सरा क्या करें ऐसे हालात पर

ख़ुद को कहते हैं वो मुल्क का रहनुमा
रोटियाँ सेंकते हैं फ़सादात पर

आप का ज़िक्र था आप ख़ुद आ गए
दिल फ़िदा हो गया ऐसी सौग़ात पर

हौसलों में नई जान आ जाएगी
हाथ रख दो अगर तुम मेरे हाथ पर

मौसम ने क़हर ढाया दहशत है किसानों में

मौसम ने क़हर ढाया दहशत है किसानों में
दम तोड़ती हैं फ़सलें खेतों खलिहानों में

धरती की गुज़ारिश पर बरसे ही नहीं बादल
तब्दील हुई मिट्टी खेतों की चटानों में

थक हार के कल कोई रस्सी पे जो झूला है
इक ख़ौफ़ हुआ तारी बस्ती के किसानों में

क्यूँ कैसे मरा कोई क्या फ़िक्र सियासत को
पत्थर की तरह नेता बैठे हैं मकानों में

अब गाँव की आँखों में बदरंग फ़िज़ाएँ हैं
खिलती है धनक लेकिन शहरों की दुकानों में

क्यूँ रूठ गई कजरी दिल जिसमें धड़कता था
क्यूँ रंग नहीं कोई अब बिरहा की तानों में

हौसलों के दिये जगमगाते रहें

हौसलों के दिये जगमगाते रहें
आप हर हाल में मुस्कराते रहें

रास्ते देंगे ख़ुद मंज़िलों का पता
बस क़दम अपने आगे बढ़ाते रहें

कोई मौसम हो लब पे सजाएँ हँसी
ख़ुद हँसें और सबको हँसाते रहें

जिनके साए में मुस्काए ये ज़िंदगी
ख़्वाब आँखों में ऐसे सजाते रहें

राब्ता फ़ोन के ज़रिए क़ायम रहे
ये ज़रूरी नहीं आते जाते रहें

इन परिंदों की ख़ातिर चलो कुछ करें
घोंसला ये घरों में बनाते रहें

यूँ बज़ाहिर देखिए तो फ़ासला कोई नहीं

यूँ बज़ाहिर देखिए तो फ़ासला कोई नहीं
पर किसी के दिल के अंदर झाँकता कोई नहीं

मुस्कराके तुम तो रुख़सत हो गए हमसे मगर
दिल पे क्या गुज़री हमारे जानता कोई नहीं

सोचता हूँ क्यूँ सभी को अजनबी लगता हूँ मैं
क्यूँ मुझे मेरे सिवा पहचानता कोई नहीं

चंद वादों में सिमट कर रह गई है आशिक़ी
टूटकर अब क्यूँ किसी को चाहता कोई नहीं

एक ही कमरे में दोनों रह रहे हैं साथ-साथ
फिरभी उनके दिल जुदा हैं राब्ता कोई नहीं

मुस्कराकर उसने पूछा हम-सा देखा है कोई
हमने उससे कह दिया बेसाख़्ता कोई नहीं

जो मिल गया है उससे भी बेहतर तलाश कर

जो मिल गया है उससे भी बेहतर तलाश कर
क़तरे में भी छुपा है समंदर तलाश कर

हाथों की इन लकीरों ने मुझसे यही कहा
अपनी लगन से अपना मुक़द्दर तलाश कर

आँगन में नीम, शाख़ पे चिड़ियों का घोसला
जो तुझसे खो गया है वही घर तलाश कर

तू है अगर मसीहा तो यह एक काम कर
टूटे न जिससे शीशा वो पत्थर तलाश कर

इस तेज़ रौशनी में नज़र आता कुछ नहीं
आँखों को दे सुकून वो मंज़र तलाश कर

क्या ढूँढता फिरे है तू उसको इधर-उधर
वो दिल में है छुपा कहीं अंदर तलाश कर

इस दुनिया के रंग में ढलकर हम याराना भूल गए

इस दुनिया के रंग में ढलकर हम याराना भूल गए
सबने ढूँढ़े अपने रस्ते साथ निभाना भूल गये

बच्चों के हाथों में जब से ये मोबाइल आया है
बहते पानी में काग़ज़ की नाव चलाना भूल गए

धन-दौलत ने हमको इतने ख़ुशियों के सामान दिए
खेत-फ़सल, कोयल-गोरैया गाँव सुहाना भूल गए

हँसते-गाते, धूम मचाते जिनमें बचपन गुज़रा था
शहर में आकर उन गलियों में आना-जाना भूल गए

शाम ढले इक रौशन चेहरा क्या देखा इन आँखों ने
दिल में जागीं नई उमंगें दर्द पुराना भूल गए

ढली शाम फिर आज ढलते हुए

ढली शाम फिर आज ढलते हुए
बुझे दिल चराग़ो-से जलते हुए

कहाँ खो गए कुछ पता ही नहीं
मेरी आँख में ख़्वाब पलते हुए

कभी कम न होगी ग़मों की तपिश
ये कहते हैं आँसू उबलते हुए

बदलते हुए मौसमों की तरह
तुम्हें हमने देखा बदलते हुए

हमें ज़िंदगी ने सभी कुछ दिया
मगर हम गए हाथ मलते हुए

मुझे साथ अपने बहा ले गई
थी इक मौज आई मचलते हुए

ये चाह कब है मुझे सबका सब जहान मिले

ये चाह कब है मुझे सब का सब जहान मिले
मुझे तो मेरी ज़मीं, मेरा आसमान मिले

कमी नहीं है सजावट की इन मकानों में
सुकून भी तो कभी इनके दरमियान मिले

ये मेरा शहर या ख़्वाबों का कोई मक़्तल है
क़दम-क़दम पे लहू के यहाँ निशान मिले

हर इक ज़ुबां पे है तारी अजब-सी ख़ामोशी
हर इक नज़र में मगर अनगिनत बयान मिले

जवां हैं ख़्वाब क़फ़स में भी जिन परिंदों के
मेरी दुआ है उन्हें फिर से आसमान मिले

हो जिसमें प्यार की ख़ुशबू, मिठास चाहत की
हमारे दौर को ऐसी भी इक ज़बान मिले

अँधेरे अभी आशियानों में हैं

अँधेरे अभी आशियानों में हैं
उदासी के मंज़र मकानों में हैं

ज़ुबां वाले भी काश समझें कभी
वो दुःख-दर्द जो बेज़ुबानों में हैं

परिंदों की परवाज़ कायम रहे
कई ख़्वाब शामिल उड़ानों में हैं

घरों में हैं महरूमियों के निशां
कि अब रौनक़ें बस दुकानों में हैं

कहाँ गुम है मंज़िल पता ही नहीं
निगाहें मगर आसमानों में हैं

मुहब्बत को मौसम ने आवाज़ दी
दिलों की पतंगें उड़ानों में हैं

दीन-धरम बस यही है अपना साथ इसी के जीना है

दीन-धरम बस यही है अपना साथ इसी के जीना है
प्यार छुपा है जिस दिल में वो काशी और मदीना है

मोल-भाव की इस नगरी में सबके अपने-अपने दाम
मगर है क़ीमत जिसकी ज़्यादा समझो वही नगीना है

गुज़रा है यह साल भी जैसे कोई तपता रेगिस्तान
साथ सफ़र में रहने वाला अपना ख़ून-पसीना है

नफ़रत का इक चढ़ता दरिया प्यार का साहिल कोसों दूर
वक़्त के हाथों में पतवारें, डाँवाडोल सफ़ीना है

गंगा, यमुना और गोमती सबके चेहरे स्याह हुए
ज़हर घुला है दरियाओं में फिर भी हमको पीना है

साहिल पर जो खड़े हुए थे डूब गए हैरानी में

साहिल पर जो खड़े हुए थे डूब गए हैरानी में
मोती उसके हाथ लगे जो उतरा गहरे पानी में

दुख और ग़म के बीच ज़िंदगी कितनी प्यारी लगती है
जैसे कोई फूल खिला हो काँटों की निगरानी में

दुनिया जिसको दिन कहती है तुम कहते हो रात उसे
कुछ सच की गुंजाइश रक्खो अपनी साफ़बयानी में

जिसको देखो ढूँढ़ रहा है काश ज़िंदगी मिल जाए
जाने कैसी कशिश छुपी है इस पगली दीवानी में

हुशियारी और चालाकी में डूब गई है ये दुनिया
फिर भी सारा ज्ञान छुपा है बच्चों की नादानी में

ये दुनिया है यहाँ कब, कौन, किसका साथ देता है

ये दुनिया है यहाँ कब, कौन, किसका साथ देता है
जिसे अपना बनाओ, ग़म की वो सौग़ात देता है

अनोखे मोड़ आते हैं नज़र के खेल में उस पल
हमारा दिल हमें ही जब अचानक मात देता है

अजब है इश्क़ का बादल कि वो प्यासी निगाहों को
कभी तो ख़्वाब देता है, कभी बरसात देता है

ये ख़ुशियाँ फेर लेती हैं निगाहें दो क़दम चलकर
मगर ग़म तो हमारा ज़िदगी भर साथ देता है

यही तो इश्क़ है साहब कि जो पत्थर के सीने में
कभी धड़कन, कभी नग़मा, कभी जज़्बात देता है

इक फूल मुहब्बत का फिर दिल में खिले कोई

इक फूल मुहब्बत का फिर दिल में खिले कोई
इस शहर की गलियों में अपना तो मिले कोई

आ जाए मुहब्बत का इस सिम्त कोई झोंका
उम्मीद की शाख़ों पे पत्ता तो हिले कोई

आँखों में उतर आए चेहरा वो ग़ज़ल जैसा
फिर नींद मेरी महके, फिर ख़्वाब खिले कोई

उजड़े हुए इस दिल की बस इतनी तमन्ना है
फिर टूट के पहले-सा एक बार मिले कोई

होंठों से नहीं कहता क्या मुझसे शिकायत है
ख़ामोश निगाहों से करता है गिले कोई

ऐसा कब सोचा था मैंने मौसम भी छल जाएगा

ऐसा कब सोचा था मैंने मौसम भी छल जाएगा
सावन-भादों की बारिश में घर मेरा जल जाएगा

अक्सर बातें करता था जो दुनिया में तब्दीली की
किसे ख़बर थी ख़ुद दुनिया के रंग में वो ढल जाएगा

रंजो-ग़म की लम्बी रातो! इतना मत इतराओ तुम
निकलेगा कल सुख का सूरज, अँधियारा टल जाएगा

नफ़रत की पागल चिंगारी कितनों के घर फूँक चुकी
अगर न बरसे प्यार के बादल ये जहान जल जाएगा

चार दिनों की इस नगरी में रैनबसेरा है सबका
आज किसी ने बाँध ली गठरी और कोई कल जाएगा

कहाँ गई एहसास की ख़ुशबू, फ़ना हुए जज़्बात कहाँ

कहाँ गई एहसास की ख़ुशबू, फ़ना हुए जज़्बात कहाँ
हम भी वही हैं तुम भी वही हो लेकिन अब वो बात कहाँ

मुमकिन हो तो खोलके खिड़की रोशन कर लो घर-आँगन
इतने चाँद सितारे लेकर फिर आएगी रात कहाँ

ख़्वाबों की तस्वीरों में अब आओ भर लें रंग नया
चाँद, समंदर, कश्ती, हम-तुम ये जलवे इक साथ कहाँ

इक चेहरे का अक्स सभी में ढूँढ रहा हूँ बरसों से
लाखों चेहरे देखे लेकिन उस चेहरे-सी बात कहाँ

चमक-दमक में डूब गए हैं प्यार वफ़ा के असली रंग
नए दौर के लोगों में अब हम जैसे जज़्बात कहाँ

मौसम ने अँगड़ाई ली तो मुस्काए कुछ फूल मगर
मन में धूम मचा दे अब वो रंगों की बरसात कहाँ

क्या कहें कुछ इस तरह अपना मुक़द्दर हो गया

क्या कहें कुछ इस तरह अपना मुक़द्दर हो गया
सर को चादर से ढका तो पाँव बाहर हो गया

ज़िंदगी को हार का तोहफ़ा मिला तो यूँ लगा
आँसुओं का सिलसिला पलकों का ज़ेवर हो गया

इस क़दर किरदार बदला आदमी का इन दिनों
कल तलक जो आईना था आज पत्थर हो गया

थी जहाँ फूलों की बारिश, ख़ूं का दरिया है वहाँ
क्या उम्मीदें थीं रुतों से, कैसा मंज़र हो गया

जब तलक दुःख मेरा दुःख था एक क़तरा ही रहा
मिल गया दुनिया के ग़म से तो समंदर हो गया

मुश्किलों के दरमियाँ बढ़ते रहे जिसके क़दम
वो ज़माने की निगाहों में सिकंदर हो गया

मौसम बदल गए हैं बहारें नहीं मिली

मौसम बदल गए हैं बहारें नहीं मिलीं
मुद्दत हुई ख़ुशी की पनाहें नहीं मिलीं

ज़ख़्मी हुआ है सच का ही चेहरा कई दफ़ा
चेहरे पे झूठ के तो ख़राशें नहीं मिलीं

हम ज़िंदगी का ख़्वाब भला कैसे देखते
बरसों से अपनी आँख को नींदें नहीं मिलीं

बस नाम ही सुना है मुहब्बत का दोस्तो
अब तक हमारी उससे निगाहें नहीं मिलीं

ये क्यूँ किसी की याद में तकिए भिगो लिए
रोने के वास्ते हमें ये आँखें नहीं मिलीं

पलकों-पलकों हर चेहरे पर ठहरा रहता जाने कौन

पलकों-पलकों हर चेहरे पर ठहरा रहता जाने कौन
दिल में प्यार का दरिया बनकर बहता रहता जाने कौन

दुनिया है इक भूलभुलैया लोग यहाँ खो जाते हैं
हर पल मेरा हाथ पकड़कर चलता रहता जाने कौन

कभी किसी मासूम के दिल पर अगर कोई मुश्किल गुज़री
मेरे लबों पर बनके दुआएँ महका रहता जाने कौन

अक्सर जब तनहा होता हूँ रात के गहरे साए में
दीपक बनकर लमहा-लमहा जलता रहता जाने कौन

कोई अब तक देख न पाया,और न कोई जान सका
हर पत्थर में, हर ज़र्रे में उभरा रहता जाने कौन

दुनिया से जो मिला है वह दर्द किससे बाँटें

दुनिया से जो मिला है वह दर्द किससे बाँटें
पत्थर की बस्तियों में ये उम्र कैसे काटें

ये क्या हुआ लबों की मुस्कान क्यों है ज़ख़्मी
बच्चों को आप डाटें, ऐसे मगर न डाटें

है वक़्त का तक़ाज़ा नज़रों में वो हुनर हो
कंकर के ढेर से बस हीरों की आप छाँटें

दिन का हरेक लम्हा वो दर्द दे गया है
तारे न हम गिनें तो फिर रात कैसे काटें

आबाद होगी उस पल ख़्वाबों की एक दुनिया
जो बीच हैं दिलों के उन दूरियों को पाटें

महकते ख़्वाब ख़यालों को रोशनी मिलती

महकते ख़्वाब ख़यालों को रोशनी मिलती
हमें तलाश थी जिसकी वो ज़िंदगी मिलती

जिधर भी देखिए दामन हैं तर ब तर सबके
कभी तो दर्द की शिद्दत में कुछ कमी मिलती

बहार आई मगर ढूँढती रही आँखें
कोई तो शाख़ चमन में हरी-भरी मिलती

बढ़ी जो धूप सफ़र में तो ये दुआ मांगी
कहीं तो छाँव दरख़्तों की कुछ घनी मिलती

उगाते हम भी शजर एक दिन मोहब्बत का
तुम्हारे दिल की ज़मीं में अगर नमी मिलती

कश्तियाँ मझधार में हैं नाख़ुदा कोई नहीं

कश्तियाँ मझधार में हैं नाख़ुदा कोई नहीं
अपनी हिम्मत के अलावा आसरा कोई नहीं

शोहरतों ने उस बुलंदी पर हमें पहुँचा दिया
अब जहाँ से लौटने का रास्ता कोई नहीं

जी रहे हैं किस तरह अब लोग अपनी ज़िंदगी
जैसे दुनिया में किसी से वास्ता कोई नहीं

मिलके अपने दोस्तों से ख़ुश बहुत होते हैं लोग
पर किसी के दिल के अंदर झाँकता कोई नहीं

कुछ अधूरे ख़्वाब हमसे कर रहे हैं ये सवाल
क्या हक़ीक़त से हमारा राब्ता कोई नहीं

हर जगह हर रोज़ जिसको ढूँढते फिरते हैं लोग
वो ख़ुशी है दिल के अंदर ढूँढता कोई नहीं

सपनों को पालने की रिवायत न तोड़िए

सपनों को पालने की रिवायत न तोड़िए
लेकिन जनाब! इनको हक़ीक़त से जोड़िए

आसां नहीं है बाँधना चढ़ती नदी पे बाँध
बेहतर यही है आप ये ज़िद अपनी छोड़िए

ऐसा नहीं कि रेत में होता नहीं है जल
मुट्ठी में ज़ोर हो तो ज़रा-सा निचोड़िए

जीवन की हर किताब का रिश्ता है आज से
कल एक ख़्वाब है तो उसे कल पे छोड़िए

मिट्टी की ख़ुशबू आपके हरदम रहेगी साथ
रोटी के वास्ते भी अगर गाँव छोड़िए

खिली धूप में हूँ उजालों में गुम हूँ

खिली धूप में हूँ, उजालों में गुम हूँ
अभी मैं किसी के ख़्यालों में गुम हूँ

मेरे दौर में भी हैं चाहत के क़िस्से
मगर मैं पुरानी मिसालों में गुम हूँ

मेरे दोस्तो! मेहरबानी तुम्हारी
कि मैं जो सियासत की चालों में गुम हूँ

कहाँ जाके ठहरेगी दुनिया हवस की
नए दौर के इन सवालों में गुम हूँ

मेरी फ़िक्रे-परवाज़ बढ़ने लगी है
मैं जब से किताबों, रिसालों में गुम हूँ

सही रास्ते पर चलाएँ जो सबको
मैं नेकी के ऐसे हवालों में गुम हूँ

चाहत वफ़ा ख़ुलूस की दौलत नहीं रही

चाहत, वफ़ा, ख़ुलूस की दौलत नहीं रही
अपने ही दिल पे अपनी हुकूमत नहीं रही

घेरे में अपने क़ैद है इंसान इस तरह
इक दूसरे से जैसे मुहब्बत नहीं रही

बचपन की पीठ पर है किताबों का एक बोझ
बच्चों को खेलकूद की मोहलत नहीं रही

अब वक़्त ही कहाँ है किसी और के लिए
ख़ुद से ही हमको मिलने की फ़ुर्सत नहीं रही

हम बोलते हैं झूठ भी कितने यक़ीन से
सच से नज़र मिलाने की हिम्मत नहीं रही

रुख़सत हुआ तो आँख किसी की भी नम न थी
शायद किसी को मेरी ज़रूरत नहीं रही

दु:ख की लम्बी राहों में भी सुख की थोड़ी आस रहे

दु:ख की लम्बी राहों में भी सुख की थोड़ी आस रहे
फिर ख़ुशियों के पल आएँगे दिल में ये एहसास रहे

इस दुनिया की भीड़ में अकसर चेहरे गुम हो जाते हैं
रखनी है पहचान तो अपना चेहरा अपने पास रहे

आदर्शों को ढोते-ढोते ख़ुद से दूर निकल आए
और न जाने कितने दिन तक देखो ये वनवास रहे

लफ़्ज़ अगर पत्थर हो जाएँ रिश्ते टूट भी सकते हैं
बेहतर है लहजे में अपने फूलों-सी बू-बास रहे

कहीं भी जाएँ दिल का मौसम इक जैसा ही रहता है
अपने दिल के दरपन में इक चेहरा बारो-मास रहे

कैसा भी इम्तिहान हो मत ख़ौफ़ खाइए

कैसा भी इम्तिहान हो मत ख़ौफ़ खाइए
अपने यक़ीं को हौसला अपना बनाइए

नज़रें झुकाके दोस्तों जीना गुनाह है
जीने की आरज़ू है तो फिर सर उठाइए

रिश्ता है ज़िंदगी का बड़ा हादसों के साथ
हिम्मत अगर है वक़्त से आँखें मिलाइए

मालूम हो ही जाएगा दुनिया का हालचाल
अपने मकान से कभी बाहर तो आइए

दुनिया ने जिनको सूली पे इकदिन चढ़ा दिया
दीवार पर नहीं उन्हें दिल में सजाइए

कुछ तीरगी में गुज़री उजालों में कट गई

कुछ तीरगी में गुज़री, उजालों में कट गई
इक ज़िंदगी मिली थी, सवालों में कट गई

पलकों पे महके ख़्वाब की ख़ुशबू लिए हुए
ये ज़िंदगी किसी के ख़यालों में कट गई

जब उसके हो गए तो फ़र्क़ मिट गए सभी
मस्जिद में दिन तो रात शिवालों में कट गई

दो दिन भी ऐश के न दिए तूने ज़िंदगी!
ये उम्र रूखे-सूखे निवालों में कट गई

कितनी अजीब होती है शायर की ज़िंदगी
लफ़्ज़ों की जुस्तजू में रिसालों में कट गई

हमें पता है क्या सोचेगा यह बेदर्द ज़माना भी

हमें पता है क्या सोचेगा यह बेदर्द ज़माना भी
सबके आगे ठीक नहीं है दिल का हाल सुनाना भी

वैसे तो अपनी आँखों में हम दरिया भी रखते हैं
लेकिन है दुश्वार काम ये दिल की आग बुझाना भी

अगर मुहब्बत होती उसको साथ छोड़कर क्यूँ जाता
ठीक नहीं अब उसकी ख़ातिर रो-रो जान गँवाना भी

तनहाई की क़ैद से ख़ुद को रिहा करो, बाहर निकलो
धीरे-धीरे भर जाएगा दिल का ज़ख़्म पुराना भी

बच्चे की मानिंद अगर ये अपनी ज़िद पर आ जाए
फिर आसान नहीं है यारो इस दिल को बहलाना भी

आज तरक़्क़ी पहुँच गई है, क़स्बों और देहातों तक
फिर भी सबको कहाँ मयस्सर एक वक़्त का खाना भी

ख़्वाब सुहाने दिल को घायल कर जाते हैं कभी कभी

ख़्वाब सुहाने दिल को घायल कर जाते हैं कभी-कभी
अश्कों से आँखों के प्याले भर जाते हैं कभी-कभी

पल-पल इनके साथ रहो तुम इनको तनहा मत छोड़ो
अपने साए से भी बच्चे डर जाते हैं कभी कभी

खेतों को चिड़ियाँ चुग जातीं बीते कल की बात हुई
अब तो मौसम भी फ़सलों को चर जाते हैं कभी-कभी

दुनिया जिनके फ़न को अक्सर अनदेखा कर देती है
वो ही इस दुनिया को रौशन कर जाते हैं कभी कभी

अगर किसी पर दिल आ जाए इसमें दिल का दोष नहीं
अच्छा चेहरा देखके हम भी मर जाते हैं कभी-कभी

शहर में मेरे मिल जाते हैं ऐसे भी कुछ दीवाने
रात-रात भर सड़कें नापें घर जाते हैं कभी-कभी

उदासी में न डूबे दिल किसी का

उदासी में न डूबे दिल किसी का
छुपा है अश्क में चेहरा ख़ुशी का

तुम्हारा साथ जब छूटा तो जाना
यहाँ होता नहीं कोई किसी का

न जाने कब छुड़ा ले हाथ अपना
भरोसा क्या करें इस ज़िंदगी का

अभी तक ये भरम टूटा नहीं है
समंदर साथ देगा तिश्नगी का

भला किस आस पर ज़िंदा रहेगा
अगर हर ख़्वाब टूटे आदमी का

लबों से मुस्कराहट छिन गई है
ये है अंजाम अपनी सादगी का

सजा है इक नया सपना हमारे मन की आँखों में

सजा है इक नया सपना हमारे मन की आँखों में
कि जैसे भोर की किरनें किसी आँगन की आँखों में

शरारत है, अदा है और भोलेपन की ख़ुशबू है
कभी संजीदगी मत ढूँढ़िए बचपन की आँखों में

कहीं झूला, कहीं कजली, कहीं रिमझिम फुहारें हैं
खिले हैं रंग कितने देखिए सावन की आँखों में

जो इसके सामने आए सँवर जाता है वो इंसां
छुपा है कौन-सा जादू भला दरपन की आँखों में

सुलगती है कहीं कैसे कोई भीगी हुई लकड़ी
दिखाई देगा ये मंज़र किसी बिरहन की आँखों में

फ़क़ीरी है, अमीरी है, मुहब्बत है, इबादत है
नज़र आई है इक दुनिया मुझे जोगन की आँखों में

इस जहां में प्यार महके ज़िंदगी बाक़ी रहे

इस जहां में प्यार महके ज़िंदगी बाक़ी रहे
ये दुआ माँगो दिलों में रौशनी बाक़ी रहे

आदमी पूरा हुआ तो देवता हो जायेगा
ये ज़रूरी है कि उसमें कुछ कमी बाक़ी रहे

दोस्तों से दिल का रिश्ता काश हो कुछ इस तरह
दुश्मनी के साये में भी दोस्ती बाक़ी रहे

ख़्वाब का सब्ज़ा उगेगा दिल के आँगन में ज़रूर
शर्त है आँखों में अपनी कुछ नमी बाक़ी रहे

इश्क़ जब कीजे किसी से दिल में ये जज़्बा भी हो
लाख हों रुसवाइयाँ पर आशिक़ी बाक़ी रहे

दिल में मेरे पल रही है यह तमन्ना आज भी
इक समंदर पी चुकूँ और तिश्नगी बाक़ी रहे

इश्क़ में दिल का दाम बहुत है

इश्क़ में दिल का दाम बहुत है
फिर भी दिल बदनाम बहुत है

छोड़ दिया है साथ सभी ने
अब हमको आराम बहुत है

दूर हूँ मैं ऐसे लोगों से
जो कहते हैं काम बहुत है

दिल के कितने छोटे निकले
जिन लोगों का नाम बहुत है

लब ख़ामोश हैं रहने दीजे
आँखों का पैग़ाम बहुत है

तुम आने वाले हो शायद
महकी महकी शाम बहुत है

जब तलक रतजगा नहीं चलता

जब तलक रतजगा नहीं चलता
इश्क़ क्या है पता नहीं चलता

ख़्वाब की रहगुज़र पे आ जाओ
प्यार में फ़ासला नहीं चलता

उस तरफ़ चल के तुम कभी देखो
जिस तरफ़ रास्ता नहीं चलता

लोग चेहरे बदलते रहते हैं
कौन क्या है पता नहीं चलता

कोई दुनिया है क्या कहीं ऐसी
जिसमें शिकवा-गिला नहीं चलता

दिल अदालत है, इस अदालत में
वक़्त का फ़ैसला नहीं चलता

कभी रातों में वो जागे कभी बेज़ार हो जाए

कभी रातों में वो जागे कभी बेज़ार हो जाए
करिश्मा हो कोई ऐसा उसे भी प्यार हो जाए

मेरे मालिक अता कर दे मुहब्बत में कशिश ऐसी
ज़बां से कुछ नहीं बोलूँ मगर इज़हार हो जाए

मुहब्बत हो गई है तो नज़र आए निगाहों में
करूँ जब बंद आँखें मैं तेरा दीदार हो जाए

कई दिन तक किसी से दूर रहना भी नहीं अच्छा
कहीं ऐसा न हो ये फ़ासला दीवार हो जाए

यहाँ कुछ लोग हैं जिनको मुहब्बत जुर्म लगती है
मुहब्बत है ख़ता तो ये ख़ता सौ बार हो जाए

मिला है मशवरा हमको कभी ये रोग मत पालो
मगर दिल चाहता है इश्क़ में बीमार हो जाए

ख़ुशी का अपना रुतबा है कभी जो कम नहीं होता

ख़ुशी का अपना रुतबा है कभी जो कम नहीं होता
मगर दुनिया में ग़म जैसा कोई हमदम नहीं होता

मैं अपनी दास्तां लेकर किसी के पास क्या जाऊँ
कुछ ऐसे ज़ख़्म हैं जिनका कोई मरहम नहीं होता

किसी का मिलना क़िस्मत है बिछड़ जाना मुक़द्दर है
बिछड़ने से कभी चाहत का जज़्बा कम नहीं होता

अगर वो वक़्ते-रुख़सत मुस्कराकर देख लेते तो
हमें उनसे बिछड़ने का ज़रा भी ग़म नहीं होता

कभी इक बूँद आँसू से तड़प उठता है दिल अपना
कभी अश्कों की बारिश से ये काग़ज़ नम नहीं होता

उन्हें मालूम क्या होगा कि लुत्फ़े-ज़िंदगी क्या है
कभी यादों में जिनकी दर्द का मौसम नहीं होता

महक कलियों की फूलों की हँसी अच्छी नहीं लगती

महक कलियों की फूलों की हँसी अच्छी नहीं लगती
मुहब्बत के बिना ये ज़िंदगी अच्छी नहीं लगती

बिछड़ते वक़्त लाज़िम है ज़रा-सा मुस्करा देना
हमेशा आँख में इतनी नमी अच्छी नहीं लगती

मुहब्बत के सफ़र में रुत भी आती है जुदाई की
हमें उस वक़्त कोई भी ख़ुशी अच्छी नहीं लगती

तुम्हारे वास्ते हमने तो ठुकरा दी है यह दुनिया
वजह क्या है! तुम्हें क्यूँ आशिक़ी अच्छी नहीं लगती

कभी तो अब्र बनकर झूमकर निकलो कहीं बरसों
कि हर मौसम में ये संजीदगी अच्छी नहीं लगती

कमी दौलत में हो, शोहरत में हो मंज़ूर है लेकिन
किसी में भी शराफ़त की कमी अच्छी नहीं लगती

हर फ़िक्र हर ख़याल को बेहतर बना दिया

हर फ़िक्र हर ख़याल को बेहतर बना दिया
मुझको मुहब्बतों ने सुख़नवर बना दिया

रुख़सत किया था मैंने उसे ख़ुशदिली के साथ
आँखों को उसने मेरी समंदर बना दिया

सादा पड़ा हुआ था मेरे दिल का कैनवास
इक चेहरा था निगाह में उसपर बना दिया

सूरज का हाथ थाम के जब शाम आ गई
बच्चे ने गीली रेत पर इक घर बना दिया

शीशे के जिस्म वालों से ये पूछिए कभी
दिल आईना था क्यूँ उसे पत्थर बना दिया

कोई किसी के इश्क़ में बेदाम बिक गया
तक़दीर ने किसी को सिकंदर बना दिया

दिल ने चाहा बहुत और मिला कुछ नहीं

दिल ने चाहा बहुत और मिला कुछ नहीं
ज़िंदगी हसरतों के सिवा कुछ नहीं

मुझको रुसवा सरेआम उसने किया
उसके बारे में मैंने कहा कुछ नहीं

इश्क़ ने हमको सौग़ात में क्या दिया
ज़ख़्म ऐसे कि जिनकी दवा कुछ नहीं

पढ़के देखी किताबे-मुहब्बत मगर
आँसुओं के अलावा मिला कुछ नहीं

हर ख़ुशी का मज़ा ग़म की निस्बत से है
ग़म नहीं है अगर तो मज़ा कुछ नहीं

ज़िंदगी! मुझसे अब तक तू क्यों दूर है
दरमियां अपने जब फ़ासला कुछ नहीं

कुछ ख़्वाब सजाने से कुछ ज़ख़्म छुपाने से

कुछ ख़्वाब सजाने से, कुछ ज़ख़्म छुपाने से
रिश्ता तो मुहब्बत का निभता है निभाने से

रस्मों को बदलने की ज़िद मँहगी पड़ी लेकिन
जीने का मज़ा आया टकराके ज़माने से

ये प्यार वो जज़्बा है तासीर अजब जिसकी
मिलता है मज़ा इसमें घर-बार लुटाने से

रुस्वाई से चाहत का रिश्ता ही पुराना है
छुपता ही नहीं दिल का ये दाग़ छुपाने से

गलियों में भटकने की आदत है हमें अबतक
मिलते हैं यहीं अक्सर कुछ दोस्त पुराने से

मैं हँस रहा हूँ दर्द मेरा कम नहीं हुआ

मैं हँस रहा हूँ दर्द मेरा कम नहीं हुआ
ये वक़्त मेरे ज़ख़्म का मरहम नहीं हुआ

कुछ यूँ अकेले जीने की आदत-सी पड़ गई
तुमसे बिछड़ गए तो हमें ग़म नहीं हुआ

यादों की बारिशों में हुए तरबतर मगर
ये दिल हमारा भीगकर पुरनम नहीं हुआ

जारी रहेगा अपनी मुहब्बत का ये सफ़र
उम्मीद का दिया अभी मद्धम नहीं हुआ

हमसे बिछड़के हो गया वो और किसी का
फिर भी हमारा प्यार कभी कम नहीं हुआ

क्या चाहा था क्या सोचा था क्या पाया क्या बात हुई

क्या चाहा था, क्या सोचा था, क्या पाया, क्या बात हुई
दिल भी टूटा, घर भी छूटा, रुस्वाई भी साथ हुई

वो क्या जाने उससे बिछड़के हम पर क्या-क्या बीती है
सहरा जैसा दिन गुज़रा था, परबत जैसी रात हुई

दिल के प्यासे आँगन में कल याद के बादल यूँ छाए
देर तलक ये तन-मन भीगा, बेमौसम बरसात हुई

उसके ख़त को पढ़ूँ मैं कैसे सारे लफ़्ज़ तो भीगे हैं
लगता है काग़ज़ पर जैसे अश्कों की बरसात हुई

यूँ खोए हम याद में उसकी गोया ख़ुद को भूल गए
किसे पता कब दिन निकला है किसे ख़बर कब रात हुई

इस ग़म का क्या करें हम तनहाई किससे बाँटें

इस ग़म का क्या करें हम तनहाई किससे बाँटें
जो इश्क़ में मिली है रुस्वाई किससे बाँटें

कोई नहीं जो समझे अश्कों की दास्ताँ को
हम इन समंदरों की गहराई किससे बाँटें

तेरी-मेरी ज़मीं तो हिस्सों में बँट गई है
ये दर्द की विरासत मेरे भाई किससे बाँटें

ये दिन तो जैसे तैसे हम काटते हैं लेकिन
हर शाम पूछती है तनहाई किससे बाँटें

फिर ख़ुशनुमा है मौसम, फिर फूल खिल गए हैं
तुम साथ में नहीं तो पुरवाई किससे बाँटें

जिस दिन से तुम हुए हो अज़ीज़-ए-नज़र मुझे

जिस दिन से तुम हुए हो अज़ीज़-ए-नज़र मुझे
उस दिन से लग रहा है जुदाई का डर मुझे

इक ज़िंदगी तो कम है मुहब्बत के वास्ते
वो भी ख़ुदा ने दी है बड़ी मुख़्तसर मुझे

मैं हर क़दम पे साथ हूँ महसूस तो करो
समझो न अपने आप से तुम बेख़बर मुझे

जितना सँभल के चलता हूँ लगती हैं ठोकरें
लगता है लग गई है किसी की नज़र मुझे

कट जाता ज़िंदगी का सफ़र हँसते-खेलते
मिल जाता आप जैसा अगर हमसफ़र मुझे

अहबाब मेरे बारे में क्या सोचते हैं अब
मिल जाएगी कभी न कभी ये ख़बर मुझे

ख़्वाब चाहत का जिसने सजाया नहीं

ख़्वाब चाहत का जिसने सजाया नहीं
ऐसा दिल तो ख़ुदा ने बनाया नहीं

हमने कोशिश तो की थी मगर क्या करें
दिल अभी तक उसे भूल पाया नहीं

दे रही है दुआएँ मुहब्बत हमें
हमने तितली को गुल से उड़ाया नहीं

दिल तुम्हारा है जब चाहे आके रहो
इसमें रहने का कोई किराया नहीं

सिर्फ़ तेरी परस्तिश के आदी थे हम
सर कहीं और हमने झुकाया नहीं

सायबां कुछ दुआओं का है साथ में
लोग समझे मेरे सर पे साया नहीं

प्यासी ज़मीं थी और मैं बादल नहीं हुआ

प्यासी ज़मीं थी और मैं बादल नहीं हुआ
इक ख़्वाब था मगर वो मुकम्मल नहीं हुआ

ये आरज़ू थी तेरी निगाहों में मैं रहूँ
लेकिन मैं तेरी आँख का काजल नहीं हुआ

तू दूर होके रोज़ चमकता है चाँद में
चेहरा तेरा निगाह से ओझल नहीं हुआ

ख़ुशबू मेरी निगाह की तुझसे लिपट गई
क्या बात है कि दिल तेरा संदल नहीं हुआ

उठता है क्या धुआँ-सा मेरे दिल के आस-पास
बिछड़े हुए तो आपसे इक पल नहीं हुआ

तेरी चाहत तेरी यादें तेरी ख़ुशबू लाए हैं

तेरी चाहत, तेरी यादें, तेरी ख़ुशबू लाए हैं
बरसों बाद हमारी छत पर प्यार के बादल छाए हैं

तेरा साथ मिला तो मेरे दिल ने यह महसूस किया
ग़म की धूप में भी ख़ुशियों के महके-महके साए हैं

कहने को मजबूर हैं लेकिन यह कहने की बात नहीं
दिल का रिश्ता तोड़के तुमसे हम कितना पछताए हैं

दिल की गलियों से गुज़री है यादों की जो पुरवाई
पलकों पर महसूस हुआ सावन के बादल छाए हैं

तेरी मुस्कानों की कलियाँ कल महकीं थीं ख़्वाबों में
नींद खुली तो देखा आँसू आँख भिगोने आए हैं

रात ने जब घूँघट सरकाया कोई मुझको याद आया

रात ने जब घूँघट सरकाया, कोई मुझको याद आया
हुस्न का जादू दिल पर छाया, कोई मुझको याद आया

चाहत की जब कलियाँ चटकीं ख़ुशबू हरसू फैल गई
इक जूड़े ने फूल सजाया, कोई मुझको याद आया

शबनम बनकर आँसू बरसे, सारा गुलशन भीग गया
धूप ने जब फूलों को हँसाया, कोई मुझको याद आया

एक मुहब्बत से वाबस्ता हमने अपनी आँखों में
जब भी कोई ख़्वाब सजाया, कोई मुझको याद आया

छाई है दिल की वादी पर यादों की रंगीन धनक
दूर कहीं आँचल लहराया, कोई मुझको याद आया

चाहत के हर मुकाम पे रुसवाइयाँ मिलीं

चाहत के हर मुकाम पे रुसवाइयाँ मिलीं
अपनों की भीड़ में हमें तनहाइयाँ मिलीं

पलकों ने जब सजाया है कोई हसीन ख़्वाब
वादी में दिल की गूँजती शहनाइयाँ मिलीं

जितने हम उसके पास गये डूबते गये
आँखों में उसकी झील-सी गहराइयाँ मिलीं

हर शै में जैसे आज भी ख़ुशबू है प्यार की
छूकर किसी को झूमतीं पुरवाइयाँ मिलीं

पल भर को ज़िंदगी के क़दम थम गए वहीं
जब आईने से झाँकती परछाइयाँ मिलीं

कितने दिलों में आज भी ज़िंदा हैं कुछ रिवाज
पक्के घरों के बीच में अंगनाइयाँ मिलीं

ज़ुल्म है ज़ुल्म की ख़ुदाई है

ज़ुल्म है, ज़ुल्म की ख़ुदाई है
ये सदी अब समझ में आई है

किसके ग़म की नमी है आँखों में
नींद किसने मेरी उड़ाई है

कुछ भी अपना नहीं है दुनिया में
ज़िंदगी है मगर पराई है

जिस्म पर है लिबास काग़ज़ का
हाथ में इक दिया सलाई है

बिन मुहब्बत के जी नहीं सकता
आदमी में यही बुराई है

अगर कुछ नहीं है कमी ज़िंदगी में

अगर कुछ नहीं है कमी ज़िंदगी में
तो क्यूँ बेबसी है हर इक ज़िंदगी में

समंदर कई आए अपने सफ़र में
रही उम्रभर तिश्नगी ज़िंदगी में

बिना दर्द के ज़िंदगी है अधूरी
उसे कर लो शामिल अभी ज़िंदगी में

तमन्ना की शाख़ों पे जब गुल खिलेंगे
तो बढ़ जाएगी दिलकशी ज़िंदगी में

यहीं पर हैं ग़म और, यहीं पर हैं ख़ुशियाँ
सभी कुछ मिलेगा इसी ज़िंदगी में

ज़िंदगी से गिला नहीं होता

ज़िंदगी से गिला नहीं होता
तू जो हमसे जुदा नहीं होता

दूरियाँ दिल की जब सिमट जाएँ
फिर कोई फ़ासला नहीं होता

किस तरह दिल की बात कहनी है
बस यही फ़ैसला नहीं होता

ओस पड़ती नहीं तो पत्तों का
रंग इतना हरा नहीं होता

मुश्किलें रास्ता दिखाती हैं
हौसला हो तो क्या नहीं होता

परवाज़ की तलब है अगर आसमान में

परवाज़ की तलब है अगर आसमान में
ख़्वाबों को साथ लीजिए अपनी उड़ान में

मोबाइलों से खेलते बच्चों को क्या पता
बैठे हैं क्यूँ उदास खिलौने दुकान में

ये धूप चाहती है कुछ गुफ़्तगू करे
आने तो दीजिए उसे अपने मकान में

लफ़्ज़ों से आप लीजिए मत पत्थरों का काम
थोड़ी मिठास घोलिए अपनी ज़ुबान में

हम सबके सामने जिसे अपना तो कह सकें
क्या हमको वो मिलेगा कभी इस जहान में

उससे बिछड़के ऐसा लगा जान ही गई
वो आया जान आ गई है फिर से जान में

शोख़ बासंती हवाएँ

धूप का ओढ़े दुशाला
और महकाती दिशाएँ
किस नगर से आ रही हैं
शोख़ बासंती हवाएँ

आम के यूँ बौर महके
भर गई मन में मिठास
फूल जूड़े ने सजाए
नैन में जागी है प्यास

कह रही कोयल चलो
अब प्रेम का इक गीत गाएँ
किस नगर से आ रही हैं
शोख़ बासंती हवाएँ

झूमती मदहोश होकर
खेत में गेहूँ की बाली
लाज का पहरा है मुख पर
प्यार की छलकी है लाली

धड़कनें मद्धम सुरों में
दे रहीं किसको सदाएँ

किस नगर से आ रही हैं
शोख़ बासंती हवाएँ

ओढ़कर पीली चुनरिया
नैन में सपना सजाए
कर रही सरसों शिकायत
दिन ढला सजना न आए

साँझ बोली चल सखी
हम आस का दीपक जलाएँ
किस नगर से आ रही हैं
शोख़ बासंती हवाएँ

सावन आया गाँव में

नाच रही हैं छत पर बूँदें
पुरवा ने दी ताल
सावन आया गाँव में सबका
पूछ रहा है हाल

मेढक मिलकर बिरहा गाते
कोयल कजरी गाए
दुबक के बैठी है गोरैया
कौवा शोर मचाए

दादी को लगती है बारिश
अब जी का जंजाल
सावन आया गाँव में सबका
पूछ रहा है हाल

दिन में बारिश हुई झमाझम
पानी बहता जाए
मोबाइल में बिजी है बचपन
कश्ती कौन चलाए

टीवी देख रहे सब घर में
सूनी है चौपाल

सावन आया गाँव में
सबका पूछ रहा है हाल

खेतों में घुटनों तक पानी
उफन रहे हैं नाले
दलदल में फँस गया ट्रैक्टर
बाहर कौन निकाले

बाँध के रस्सी खींच रहे हैं
बैल हुए बेहाल
सावन आया गाँव में सबका
पूछ रहा है हाल

महँगू की गिर गई मड़ैया
टूट के बरसा पानी
घर में बैठी सोच रही है
रामधनी की नानी

कहाँ पड़ेगा झूला कट गई
पीपल वाली डाल
सावन आया गाँव में सबका
पूछ रहा है हाल

कहाँ मंज़िलें हैं ठिकाना किधर है

सफ़र में सभी हैं ख़बर है ये किसको
कहाँ मंज़िलें हैं, ठिकाना किधर है
उन्हीं को फ़क़त राह देती है दुनिया
जिन्हें ये पता है कि जाना किधर है

क़ायम रहे ये हौसला

हिम्मत भी है और है आरज़ू
मंज़िल की है बस हमें जुस्तजू

पलकों तले सपना पले
ठहरे कभी न ये सिलसिला
क़ायम रहे ये हौसला...

दुख की अँधेरी रातों के बाद
उजली सुबह क्या आती नहीं
काँटों पे चलके भी ये ज़िदगी
इक रोज़ क्या मुस्कराती नहीं

जी भर जिएँ ख़ुश यूँ रहें
ठहरे कभी न ये सिलसिला
क़ायम रहे ये हौसला..

आँखों में अपनी जो महफ़ूज़ है
सपना कभी काश टूटे नहीं
दुआ है कि हाथों से दिल के कभी
उम्मीद की डोर छूटे नहीं

अरमां नए...दिल में खिले
ठहरे कभी न ये सिलसिला
क़ायम रहे ये हौसला...

भले सामने कोई दीवार हो
फिर भी कभी हम रुकेंगे नहीं
लश्कर इरादों का है साथ में
क़दम अपने पीछे हटेंगे नहीं

क़दमों तले, मंज़िल मिले
ठहरे कभी न ये सिलसिला
क़ायम रहे ये हौसला...

बच्चे चाँद सितारे हैं

बच्चे फूल हैं, बच्चे ख़ुशबू
बच्चे ख़्वाब हमारे हैं
बच्चों से दुनिया रोशन है
बच्चे चाँद सितारे हैं

बचपन इक मासूम अदा है
बच्चे भोले होते हैं
नयन देखना चाहें ऐसे
स्वप्न सलोने होते हैं

बच्चे हैं हर घर की रौनक़
ये ख़ुशरंग नज़ारे हैं
बच्चों से दुनिया रोशन है
बच्चे चाँद सितारे हैं

बच्चों की मासूम अदा से
दिल हर ग़म के पार हुआ
इक भोली मुस्कान से पल में
घर-आँगन गुलज़ार हुआ

बच्चे हैं अभिमान पिता का
माँ के राजदुलारे हैं

बच्चों से दुनिया रोशन है
बच्चे चाँद सितारे हैं

इक पल में रो पड़ते बच्चे
इक पल में हँस देते हैं
प्यार से पूछें अगर कभी तो
बच्चे सच कह देते हैं

बच्चे आस हैं, उम्मीदें हैं
ये अरमान हमारे हैं
बच्चों से दुनिया रोशन है
बच्चे चाँद सितारे हैं

हिंदी जनता की भाषा है

हिंदी इस देश का गौरव है
हिंदी भविष्य की आशा है
हिंदी हर दिल की धड़कन है
हिंदी जनता की भाषा है

इसको कबीर ने अपनाया
मीरा बाई ने मान दिया
आज़ादी के दीवानों ने
इस हिंदी को सम्मान दिया

जन जन ने अपनी वाणी से
हिंदी का रूप तराशा है

हिंदी हर क्षेत्र में आगे है
इसको अपनाकर नाम करें
हम देशभक्त कहलाएँगे
जब हिंदी में सब काम करें

हिंदी चरित्र है भारत का
नैतिकता की परिभाषा है

हिंदी हम सबकी ख़ुशहाली
हिंदी विकास की रेखा है
हिंदी में ही इस धरती ने
हर स्वप्न सलोना देखा है

हिंदी हम सबका स्वाभिमान
यह जनता की अभिलाषा है

चाहत की चाँदनी में

चाहत की चाँदनी में
हर शै चहक रही है
तुम साथ हो तो जैसे
दुनिया महक रही है

हम किसको ये बताएँ
फूलों में आग क्यूँ है
सागर की हर लहर में
मीठा-सा राग क्यूँ है

क्यूँ चाँद के बदन से
चाँदी छलक रही है
तुम साथ हो तो जैसे
दुनिया महक रही है

पलकों के आसमां पर
कुछ ख़्वाब यूँ सजे हैं
बेताबियाँ हैं दिल में
आँखों में रतजगे हैं

अब आरज़ू की लौ में
हसरत दहक रही है

तुम साथ हो तो जैसे
दुनिया महक रही है

आवाज़ सुन के दिल की
जिस दिन से हम मिले हैं
राहों में अपनी तब से
ख़ुशबू के क़ाफ़िले हैं

आँखों से हलकी-हलकी
मस्ती छलक रही है
तुम साथ हो तो जैसे
दुनिया महक रही है

यही तो ज़िंदगी है

सफ़र पे जो निकलते हैं
किसे मुश्किल नहीं मिलती
मगर जो हार जाते हैं
उन्हें मंज़िल नहीं मिलती

अँधेरा है, कहीं कुछ रोशनी है
इसी का नाम शायद ज़िंदगी है

चले जब वक़्त की आँधी
घरौंदे टूट जाते हैं
जो रिश्ते हैं बहुत नाज़ुक
वो पीछे छूट जाते हैं

इन आँखों में कहीं कुछ तो नमी है
इसी का नाम शायद ज़िंदगी है

हो सहरा दूर तक लेकिन
रहे कुछ आस तो बाक़ी
बरसते अश्क हों फिर भी
रहे कुछ प्यास तो बाक़ी

समंदर में अभी कुछ तिश्नगी है
इसी का नाम शायद ज़िंदगी है

सुहाने ख़्वाब तो अक्सर
सभी पलकों पे खिलते हैं
जो चाहा था वही मंज़र
कहाँ आखों को मिलते हैं

कहें कैसे कहीं पर कुछ कमी है
इसी का नाम शायद ज़िंदगी है

शुक्रिया मेरे शहर

ज़िंदगी के नाम पर
क्या कुछ नहीं तूने दिया
शुक्रिया मेरे शहर सौ बार तेरा शुक्रिया...

क्या ख़बर तुझको कि हमने
गाँव छोड़ा किस लिए
झूमती गाती हवा
फ़सलों को छोड़ा किस लिए

मिल गया हमको ठिकाना
पर कभी भूले नहीं
अपने घर आँगन से रिश्ता
हमने तोड़ा किस लिए

आज भी रोशन है दिल में
गाँव जैसे इक दिया
शुक्रिया मेरे शहर सौ बार तेरा शुक्रिया...

खो गये फूलों के मौसम
खो गईं फुलवारियाँ
खो गये ढोलक मंजीरे
खो गईं पिचकारियाँ

अब कहाँ तुलसी का चौरा
और वो पीपल की छाँव
खो गए दादी के क़िस्से
खो गईं किलकारियाँ

लेके होठों से हँसी
अश्कों का तोहफ़ा दे दिया
शुक्रिया मेरे शहर सौ बार तेरा शुक्रिया...

अजनबी चेहरों का हर पल
एक रेला है यहाँ
हर जगह हर वक़्त
जैसे एक मेला है यहाँ

हर क़दम पर बेकसी
लाचारगी ढोता हुआ
भीड़ में भी आदमी
बेहद अकेला है यहाँ

छीनकर गंगा का जल
खारा समंदर दे दिया
शुक्रिया मेरे शहर सौ बार तेरा शुक्रिया.....

माँ जैसा कोई और नहीं

ममता से रोशन दिल अपना
माँ से दुनिया उजियारी है
सच पूछो तो बस माँ के ही
क़दमों में जन्नत सारी है

मीठी मीठी थपकी देकर
माँ जिस पल लोरी गाती है
तब नींद से महकी आँखों में
परियों की डोली आती है

जीवन के सफ़र में जब दुनिया
काँटों से राह सजाती है
बनकर फूलों की चादर तब
माँ धरती पर बिछ जाती है

कितनी भी धूप कड़ी दुख की
माँ कभी न हिम्मत हारी है
माँ ने अपनी हर एक ख़ुशी
अपने बच्चों पर वारी है

पढ़-लिखकर जब बन गए हैं कुछ
पश्चिम की हवा में झूल गए
धन-दौलत, शोहरत मिलते ही
अपनी माँ को वो भूल गए

खो जाता बचपन अगर उसे
ममता की नाव नहीं मिलती
माँ के प्यारे से आँचल की
जो शीतल छाँव नहीं मिलती

माँ से उल्लास है कण-कण में
माँ तो ख़ुशबू की क्यारी है
माँ जैसा कोई और नहीं
माँ जग में सबसे प्यारी है

इस दुनिया का रंग देख के

इस दुनिया का रंग देख के
सबने बदली चाल सखे
तुमसे कुछ भी छिपा नहीं है
क्या बतलाएँ हाल सखे

देखके टीवी पर विज्ञापन
रूठ गई बिटिया बबली
अपना चेहरा चमकाने को
मांगे फेयर एन लवली

नया दौर माँ-बाप की ख़ातिर
है जी का जंजाल सखे
तुमसे कुछ भी छिपा नहीं है
क्या बतलाएँ हाल सखे

फर्स्ट क्लास ग्रेजुएट है रामू
मगर नौकरी नहीं मिली
मजबूरी में पेट की ख़ातिर
बेच रहा है मूँगफली

कमोबेश सब पढ़े लिखों का
एक-सा है अहवाल सखे
तुमसे कुछ भी छिपा नहीं है
क्या बतलाएँ हाल सखे

बरसों बीते मगर अभी तक
दूर हुई न बदहाली
कैसे आए ख़ुशी बेचारी
सबकी हैं जेबें खाली

मगर निठल्ले मुफ़्त में बैठे
उड़ा रहे हैं माल सखे
तुमसे कुछ भी छिपा नहीं है
क्या बतलाएँ हाल सखे

आँखों में अपनी हैं आशा की किरणें

आँखों में अपनी हैं आशा की किरणें
चाहत के सुर धड़कनों में सजाएँ
इक दिन मिलेगी वो सपनों की दुनिया
जादू उमंगों का दिल में जगाएँ

बादल में बिजली है, सूरज में आभा
हिम्मत हवाओं में सागर में लहरें
मुश्किल नहीं कुछ अगर ज़िद है मन में
चलतें रहें बस कहीं भी ना ठहरें

नज़रों में झिलमिल सितारे सजाकर
नई रोशनी से गगन जगमगाएँ

हम कौन हैं! क्या है हसरत हमारी
लाज़िम है ख़ुद को भी पहचान लें हम
अगर हौसला है रगों में हमारी
तो मंज़िल पे पहुँचेंगे, ये जान लें हम

कड़ी धूप हो, पर न पीछे हटेंगें
ये एहसास हम रास्तों को दिलाएँ

चार दिनों के इस जीवन में

चार दिनों के इस जीवन में
कुछ ऐसे भी काम करो
सुबह-सुबह मुस्काना सीखो
हँसते हँसते शाम करो

पलकों पर कुछ ख़्वाब सजाओ
रोशन करो उम्मीदों को
जीत के बदले हार मिले तो
कोसो नहीं नसीबों को

बेशक इक दिन मिलेगी मंज़िल
जो आराम हराम करो
सुबह-सुबह मुस्काना सीखो
हँसते हँसते शाम करो

इस दुनिया में कोई किसी को
सच्ची आस नहीं देता
जो अपना है वो भी अक्सर
दुख में साथ नहीं देता

फिर भी सबसे प्यार जताओ
सबसे दुआ सलाम करो

सुबह-सुबह मुस्काना सीखो
हँसते हँसते शाम करो

अगर हो चाहत तो काँटों में
कलियाँ भी खिल जाती हैं
ग़म की गलियाँ में ढूँढों तो
ख़ुशियाँ भी मिल जाती हैं

थाम के उँगली उम्मीदों की
दुख सारा नीलाम करो
सुबह-सुबह मुस्काना सीखो
हँसते हँसते शाम करो

महीना सावन का

सजनी आँख मिचौली खेले
बाँध दुपट्टा झीना
महीना सावन का...
बिन सजना क्या जीना महीना सावन का

खेतों में फ़सलें लहराईं
बाग़ में पड़ गये झूले
लम्बी पेंग भरी गोरी ने
तन खाए हिचकोले

पुरवा संग मन डोले जैसे
लहरों बीच सफ़ीना
महीना सावन का...
बिन सजना क्या जीना महीना सावन का

बारिश ने जब मुखड़ा चूमा
महक उठी पुरवाई
मन की चोरी पकड़ी गई तो
धानी चुनर शरमाई

छुई मुई बन गई अचानक
चंचल शोख़ हसीना

महीना सावन का...
बिन सजना क्या जीना महीना सावन का

कजरी गाएँ सखियां सारी
मन की पीर बढ़ाएँ
बूंदें लगती बान के जैसे
गोरा बदन जलाएँ

अब के जो ना आए संवरिया
ज़हर पड़ेगा पीना
महीना सावन का...
बिन सजना क्या जीना महीना सावन का

बरसे बदरिया सावन की

बरसे बदरिया सावन की
रुत है सखी मनभावन की

बालों में सज गया फूलों का गजरा
नैनों से झाँक रहा प्रीतभरा कजरा
राह तकूँ मैं पिया आवन की

बरसे बदरिया सावन की

चमके बिजुरिया मोरी निंदिया उड़ाए
याद पिया की मोहे पल पल आए
मैं तो दीवानी हुई साजन की

बरसे बदरिया सावन की

महक रहा है सखी मन का अँगनवा
आएँगे घर मोरे आज सजनवा
पूरी होगी आस सुहागन की

बरसे बदरिया सावन की

आई लव यू मुम्बई

शहर मुम्बई जो भी देखे सपनों में खो जाता है
यहाँ समंदर जादू बनकर हर दिल पर छा जाता है

देखके होटल ताज की रौनक़ मदहोशी छा जाए
चर्चगेट का चमचम चेहरा दिन में चाँद दिखाए

चौपाटी की चाट चटपटी मन में प्यार जगाती है
भेलपुरी खाते ही दिल की हर खिड़की खुल जाती है

कमला नेहरू पार्क पहुँचकर खो जाता जो फूलों में
प्यार के नग़मे वो गाता है एस्सेल वर्ल्ड के झूलों में

जुहू बीच पर रोज़ शाम जो पानी-पूरी खाए
वही इश्क़ की बाज़ी जीते दुल्हन घर ले आए

नई नवेली दुल्हन जैसी हर पल लगती नई
प्यार से इसको सब कहते हैं आई लव यू मुंबई

हर दिन सूरज उम्मीदों का

हर दिन सूरज उम्मीदों का
नया सवेरा लाता है
हर आँगन में दीप ख़ुशी का
मगर कहाँ जल पाता है

बरसों बीते फिर भी बस्ती
अँधकार में डूबी है
कभी-कभी लगता है जैसे
यह आज़ादी झूठी है

आँखों का हर ख़्वाब
अचानक अश्कों में ढल जाता है
हर आँगन में दीप ख़ुशी का
मगर कहाँ जल पाता है

हाथ बँधे है अब नेकी के
सच के मुँह पर ताला है
मक्कारों का डंका बजता
चारों तरफ़ घोटाला है

खरा दुखी है खोटा लेकिन
हर सिक्का चल जाता है

हर आँगन में दीप ख़ुशी का
मगर कहाँ जल पाता है

देश की ख़ुशहाली में शामिल
आख़िर ख़ून सभी का है
मगर है दौलत पास में जिसके
हर क़ानून उसी का है

उसी में सब राज़ी हैं जो कुछ
ताक़तवर फरमाता है
हर आँगन में दीप ख़ुशी का
मगर कहाँ जल पाता है

रोज़ सुबह उगता है सूरज

रोज़ सुबह उगता है सूरज
शाम ढले छुप जाता है
हर इक घर में चूल्हा लेकिन
रोज़ कहाँ जल पाता है

दर-दर ठोकर खाए जवानी
कोई काम नहीं मिलता
आज भी मेहनत-मज़दूरी का
पूरा दाम नहीं मिलता

कौन हवस का भूखा है जो
हक़ सबका खा जाता है
हर इक घर में चूल्हा लेकिन
रोज़ कहाँ जल पाता है

क्या बतलाएँ स्वप्न सुहाने
कैसे कोई लूट गया
मँहगाई के बोझ से दबकर
हर इक इंसां टूट गया

रोज़ ग़रीबी-बदहाली का
साया बढ़ता जाता है

हर इक घर में चूल्हा लेकिन
रोज़ कहाँ जल पाता है

किसे पता कब देश में अपने
ऐसा भी दिन आएगा
काम मिलेगा जब हाथों को
हर चेहरा मुस्काएगा

आज तो ये आलम है बचपन
भूखा ही सो जाता है
हर इक घर में चूल्हा लेकिन
रोज़ कहाँ जल पाता है

जाने कब सूरज आएगा

दुनिया बदली मगर अभी तक
बैठे हैं अँधियारों में
जाने कब सूरज आएगा
बस्ती के गलियारों में

हर ऊँची दहलीज़ के भीतर
छुपा हुआ है धन काला
घूम रहे बेख़ौफ़ सभी वो
करते हैं जो घोटाला

कर्णधार समझे हम जिनको
शामिल हैं बटमारों में
जाने कब सूरज आएगा
बस्ती के गलियारों में

जो सच्चे हैं वो चुनाव में
टिकट तलक ना पाते हैं
मगर इलेक्शन जीत के
झूठे मंत्री तक बन जाते हैं

जिन पर हमको नाज़ था वो हैं
खड़े हुए लाचारों में

जाने कब सूरज आएगा
बस्ती के गलियारों में

जिनके मन काले हैं उनके
तन पर है उजली खादी
भ्रष्टाचार में डूब गए जो
बोल रहे हैं जय गाँधी

काले चेहरे भरे हुए हैं
रोज सुबह अख़बारों में
जाने कब सूरज आएगा
बस्ती के गलियारों में

बारिश के सुहाने मौसम में

महके हैं दिलों में फूल सनम
बारिश के सुहाने मौसम में
हम भी तो करें कुछ भूल सनम
बारिश के सुहाने मौसम में

बादल की सुनी जब सरगोशी
बहके हैं क़दम पुरवाई के
बूँदों ने छुआ जब शाख़ों को
झोंके महके अमराई के

टूटे हैं सभी के उसूल सनम
बारिश के सुहाने मौसम में
महके हैं दिलों में फूल सनम
बारिश के सुहाने मौसम में

यादों का मिला जब सिरहाना
बोझिल पलकों के साए हैं
मीठी सी हवा ने दस्तक दी
सजनी को लगा वो आए हैं

चुभते हैं जिया में शूल सनम
बारिश के सुहाने मौसम में

महके हैं दिलों में फूल सनम
बारिश के सुहाने मौसम में

यह चाँद पुराना आशिक़ है
दिखता है कभी छिप जाता है
छेड़े है कभी ये बिजुरी को
बदरी से कभी बतियाता है

यह इश्क़ नहीं है फ़िज़ूल सनम
बारिश के सुहाने मौसम में
महके हैं दिलों में फूल सनम
बारिश के सुहाने मौसम में

परदेसी राजा घर लौट के आजा

सावन आया उमड़-घुमड़ कर काले बदरा छाए
तुझ बिन साजन सूना लागे जिया मोरा घबराए
परदेसी राजा घर लौट के आजा...

दूर गया तू रूठ गई है मुझसे सुबह की लाली
तू जो नहीं तो दिल की दुनिया लगती ख़ाली-ख़ाली
नज़रें बिछी हुई रस्ते पर तेरी आस लगाए

तुझ बिन साजन सूना लागे जिया मोरा घबराए
परदेसी राजा घर लौट के आजा...

ओ निर्मोही तुझे पुकारे काजल, बिंदिया, कँगना
जिस दिन भी तू लौट के आए महक उठेगा अँगना
तू क्या जाने इन आँखों ने क्या-क्या ख़्वाब सजाए

तुझ बिन साजन सूना लागे जिया मोरा घबराए
परदेसी राजा घर लौट के आजा...

टेसू खिले हज़ार

दिल से दिल के तार मिले तो
टेसू खिले हज़ार
आया फिर से राग रंग का
मस्ती का त्योहार...आया मस्ती का त्यौहार...

रंग, अबीर, गुलाल लगाओ
झूमो, नाचो, गाओ
होंठों से तो हँसी छलकती
आँख से छलके प्यार...आया मस्ती का त्यौहार...

मौसम ने जादू कर डाला
हर चेहरा रंग डाला
भीग गया तन-मन होली में
उड़ गया चैन—क़रार...आया मस्ती का त्यौहार...

धूप ख़ुशी की ऐसे आई
गली-गली मुसकाई
खेतों ने पक्की फसलों का
पाया है उपहार...आया मस्ती का त्यौहार...

मौसम की पहली बारिश

छम छम छम दहलीज़ पे आई
मौसम की पहली बारिश
गूँज उठी जैसे शहनाई
मौसम की पहली बारिश

बादल का परचम लहराया
सारी दुनिया चहक उठी
बूँदों ने की सरगोशी तो
सोंधी मिट्टी महक उठी

मस्ती बनकर दिल में छाई
मौसम की पहली बारिश
गूँज उठी जैसे शहनाई
मौसम की पहली बारिश

पेड़-परिन्दें, सड़कें, राही
गर्मी से बेहाल थे कल
सबके ऊपर मेहरबान हैं
आज घटाएँ और बादल

राहत की बौछारें लाई
मौसम की पहली बारिश

गूँज उठी जैसे शहनाई
मौसम की पहली बारिश

बारिश के पानी में मिलकर
बच्चे नाव चलाते हैं
छत से पानी टपक रहा है
फिर भी सब मुस्काते हैं

झूम रही, ख़ुश है पुरवाई
मौसम की पहली बारिश
गूँज उठी जैसे शहनाई
मौसम की पहली बारिश

सरक गया जब रात का घूँघट
चाँद अचानक मुस्काया
उस पल हमदम तेरा चेहरा
याद बहुत हमको आया

कसक उठी बनकर तनहाई
मौसम की पहली बारिश
गूँज उठी जैसे शहनाई
मौसम की पहली बारिश

चाहत है अनमोल

मोल यहाँ हर चीज़ का, चाहत है अनमोल
दिल की दौलत को भला, कौन सका है तोल

पुरवाई में प्रेम की, निखर गया है रूप
मुखड़ा यूँ प्यारा लगे, ज्यों सर्दी की धूप

फूटा मन में प्रेम का, ऐसा एक उजास
जी चाहे बिन पंख मैं, उड़ जाऊँ आकास

रीत अनोखी प्रेम की, और अनोखी राह
दिल के हाथों हो गए, कितने लोग तबाह

सिमट गया इस दौर में, ख़ुद में यूँ इंसान
रहता कौन पड़ोस में उसे नहीं है ज्ञान

अगर चाहते हैं मिले, इस जग में सम्मान
सबसे पहले त्याग दें, हम अपना अभिमान

आपकी मेरी कहानी

ग़मज़दा आँखों का पानी एक है
और ज़ख़्मों की निशानी एक है
हम दिलों की दास्तां किससे कहें
आपकी मेरी कहानी एक है

बड़ी ज़ालिम है दुनिया दिल से दिल मिलने नहीं देगी
मुहब्बत का ये इक क़तरा कभी पीने नहीं देगी
अगर टकराके इससे इक क़दम भी हट गए पीछे
तो सारी उम्र फिर ये चैन से जीने नहीं देगी

मुश्किल सफ़र हो फिर भी मंज़िल तुम्हें मिले
मझधार में हो नाव तो साहिल तुम्हें मिले
हमने ख़ुदा से माँगी है दिन-रात ये दुआ
हर हाल में जो ख़ुश रहे वो दिल तुम्हें मिले

गीत एहसास का इक हसीं साज़ है
धड़कनों में छुपा खुशनुमा राज़ है
गीत ताबीर है हर हसीं ख़्वाब की
लब की ख़ामोशियाँ, दिल की आवाज़ है

कुछ फ़ासला भी हो

लाज़िम है चाहतों में कुछ तो नया भी हो
थोड़ी-सी बेरुखी हो कुछ फ़ासला भी हो
मेरे तुम्हारे इश्क़ को कई साल हो गए
दिल चाहता है कोई तुम्हारे सिवा भी हो

इक संग दिल के सामने फरियाद क्यों करें
करता नहीं है वो तो उसे याद क्यों करें
उसको नहीं है प्यार तो हम अपनी ज़िदगी
उस बेवफ़ा के वास्ते बरबाद क्यों करे

कश्ती अगर हो इश्क़ की लहरों के दरमियां
ये कौन चाहता है किनारा नहीं मिले
किसने तुम्हारे हाथ से पतवार छीन ली
क्यूँ तुम बिछड़के हमसे दुबारा नहीं मिले

बिछड़े हुए तो हमको ज़माना हुआ मगर
तुम दिल में कसक बनके सताते हो आज भी
तुमने तो ये कहा था मिलेंगे न हम कभी
फिर क्यूँ हमारे ख़्वाब में आते हो आज भी

दिल की हसीन दुनिया

आँखों में अपनी प्यार का काजल लगा के देखे
मेंहदी का रंग हाथ में अपने सजा के देखे
दिल की हसीन दुनिया लिख दूँ मैं नाम तेरे
ये शर्त है कि मुझको तू मुस्कराके देखे

ग़म को छुपा के मैंने उसे अलविदा कहा
उसने भी मुस्कराकर आँसू छुपा लिया
फिर यूँ हुआ कि मुझको नया दोस्त मिल गया
उसने भी अपने हाथ में मेंहदी रचा लिया

जिसे तुम दिल से अपना मान लोगे
वही रिश्ता तुम्हें सच्चा लगेगा
किसी दिन पास तो आओ हमारे
मिलोगे हमसे तो अच्छा लगेगा

इस क़दर ख़्वाब महके कि दिल की ज़मीं
जैसे फूलों की कोई रिदा हो गई
इश्क़ में ढलके दिलकश हुई यूँ ग़ज़ल
सारी दुनिया ग़ज़ल पे फ़िदा हो गई

इस जहाँ में प्यार महके ज़िंदगी बाक़ी रहे
ये दुआ माँगो दिलों में रोशनी बाक़ी रहे

देवमणि पांडेय जनता की भाषा में जनता के मनोभावों की बारीक समझ के साथ अपनी कविता का ताना-बाना बुनते हैं। सामान्य तद्भव और तत्सम शब्दों के प्रयोग से उनकी कविता में एक उल्लेखनीय सम्प्रेषणीयता पैदा होती है जो सड़क चलते आदमी को भी कविता से सहज ही जोड़ने में सक्षम है।

—वीरेंद्र कुमार बरनवाल

मेरी नज़र में अच्छी शायरी वो है जो अपने क़ारी के ज़ौक़ पर पूरी उतरे, उसे ज़हनी सुकून और रूहानी मसर्रत अता करे। जो क़ारी को मायूस न करे बल्कि उसमें ज़िदगी से लड़ने का हौसला पैदा करे। मुझे ख़ुशी है कि देवमणि पांडेय की ग़ज़लों में ये औसाफ़ मौजूद हैं।

—शायर ज़फ़र गोरखपुरी

देवमणि पाण्डेय के यहाँ अपनी बात को बिना ग़ैर ज़रूरी उलझन पैदा किये पाठक के दिलो-दिमाग़ तक पहुँचा देने का सलीक़ा है। देवमणि पाण्डेय का यह संग्रह पढ़ते हुए आपको ये अंदाज़ा बख़ूबी हो सकेगा कि उर्दू के आसमान पर हिंदी के सितारे कितनी ख़ूबसूरती से टाँके जा सकते हैं और हिंदी के गुलशन में उर्दू के फूल कितने प्यार से खिलाए जा सकते हैं।

—शायर अब्दुल अहद साज़

देवमणि पांडेय की ग़ज़लें अपने आप में इतनी सहज, सरल और सुगम हैं कि हिंदी के मौजूदा दौर की तथाकथित मुख्यधारा की छंदहीन, लयहीन, रसहीन और एक सरीखी लगने वाली दुर्बोध तथा बूझो तो जानें मार्का कविताओं से बुरी तरह ऊबे हुए कविता के आम पाठकों के दिल में तुरंत उतर जाने का माद्दा रखती हैं।

—सूर्यभानु गुप्त

देवमणि पांडेय ने ग़ज़ल को नये-नये आयाम और ज़ायके प्रदान किये हैं। वे परम्परागत भी हैं और आधुनिक भी। उनमें सांसारिकता भी है और अध्यात्म भी। उन्होंने मुहब्बत के विषय में जो कुछ भी कहा है बहुत शालीनता से कहा है, जिससे उनकी ग़ज़लों में पाकीज़गी आई है।

—आर.पी. शर्मा 'महर्षि'